Wie du bist, wenn du **so** bist

Tanja Székessy

Wie du bist, wenn du SO bist

Klett
Kinderbuch

Guck mal ...

... wie das ist, wenn du so bist:

... oder so:

... oder so:

Oft auch so:

... oder in der Art:

... und sogar so:

Hast du gesehen?

Du kannst aber auch ganz anders sein.
Zum Beispiel so:

... oder so:

... oder so:

Oder hier, so:

Gerne auch mal so:

Und sogar so:

Hast du gesehen?

Das wollte ich dir zeigen.
Nur mal so.

3. Auflage 2023
© 2018 Klett Kinderbuch, Leipzig
Alle Rechte vorbehalten
Illustrationen: Tanja Székessy
Satz und Layout: Florian von Wissel, hoop-de-la, Köln
Umschlaggestaltung: Florian von Wissel, hoop-de-la, Köln,
unter Verwendung von Illustrationen von Tanja Székessy
Druck und Bindung: ADverts, Riga
Printed in Latvia
ISBN 978-3-95470-190-2

www.klett-kinderbuch.de